AF339667

QU'ARRIVERA-T-IL

APRÈS

LES ÉLECTIONS?

ENCORE UN MOT SUR LA POLITIQUE

PAR

Jean-Pierre GIRAUD

CULTIVATEUR ET ANCIEN FOURRIER

Prix : 10 centimes

(Franco par la poste)

*Les journaux républicains des départements sont autorisés
à reproduire cette brochure*

PARIS

33, RUE DE SEINE, 33

1877

QU'ARRIVERA-T-IL
APRÈS LES ÉLECTIONS?

ENCORE UN MOT SUR LA POLITIQUE

Dans une première brochure, j'ai essayé de dire au juste pourquoi on nous a jetés de gaieté de cœur dans ce malheur public qui porte la date du 16 mai. Cherchons maintenant, si vous le voulez bien, mes amis, à nous rendre compte, le plus exactement possible, de ce qui va se passer. Ni vous, qui lisez ces pages, ni moi, Jean-Pierre Giraud qui les écris, nous ne sommes des prophètes ; mais en pesant tout bien froidement, sans passion, nous pouvons calculer à peu près les conséquences de nos actes, ce qu'oublient trop souvent de faire les ducs qui viennent de se mettre, avec tant d'étourderie, à la tête du gouvernement.

Dans quelques semaines il y aura des élections :

Qu'arrivera-t-il si nous réélisons les 363 ?

Qu'arrivera-t-il si nous donnons nos voix aux candidats officiels ?

Si nous réélisons les 333, ils reviendront à Versailles avec les mêmes opinions qu'auparavant, ni plus radicaux, ni moins partisans des réformes, mais ils reviendront pleins d'une énergie et d'une confiance en eux-mêmes qu'ils ne pouvaient avoir lorsque nous les avons élus, en février de l'année dernière. En présence de cette manifestation éclatante de la volonté nationale, le ministère de MM. de Broglie et de Fourtou se retirera, comme le fit, il y a dix-huit mois, M. Buffet. Quant au président de la République, ou bien il donnera, lui aussi, sa démission, ou bien il restera, — à son choix.

Supposons qu'il donne sa démission, — je ne veux rien dire de blessant pour celui qui est le chef de l'Etat, mais avouons qu'on pourra le remplacer. Les sénateurs et les députés se réuniront immédiatement en une seule assemblée, et sur les 800 membres qui la composeront, 500 voix au moins rappelleront à la présidence M. Thiers, le vrai vainqueur de la Commune, le libérateur du territoire, le principal fondateur de la République. M. Thiers, nous le connaissons, et, malgré son âge avancé, nous savons qu'il travaille un peu plus et un peu mieux que certaines personnes, de douze ans plus jeunes que lui.

Que M. de Mac-Mahon veuille, au contraire, rester président, il le peut : ses pouvoirs ont pour terme légal le 23 novembre 1880. Mais, comme il lui est absolument impossible de gouverner sans le concours d'une Chambre des députés (parce que, sans elle, il ne saurait lever **un** centime d'impôts après le 31 décembre prochain, à minuit), et comme les 363, étant réélus, refuseront impitoyablement tout crédit à un ministère qui ne leur inspirerait pas une entière confiance, il faudra bien que le maréchal désavoue ce que le cabinet actuel dit, écrit et fait en son nom ; **il** faudra qu'il s'entoure de républicains à la fois résolus et modérés. Et ces nouveaux ministres, **qui** nous feront oublier le 16 mai comme on oublie **un** mauvais rêve, prendront leurs précautions pour qu'un pareil coup de tête ne puisse se répéter.

Donc, si les élections prochaines tournent contre MM. de Broglie et de Fourtou, nous sortirons bien vite de la crise, soit par la nomination d'un ministère franchement républicain, sous la présidence de M. de Mac-Mahon, soit par l'élection à la présidence de l'illustre M. Thiers.

Après quoi, la partie sera gagnée pour de longues années. Gagnée par qui? Par nous tous qui, amis d'un sage progrès, détestons les intrigants et les perturbateurs de l'ordre, qu'ils viennent d'en bas ou d'en haut, qu'ils portent la blouse ou l'habit noir.

Et si les candidats officiels obtenaient la majorité?

D'abord, l'arbitraire administratif qui pèse si lourdement sur nous depuis le 16 mai et qui nous trouble dans notre travail comme dans nos plaisirs, supprimant pour nous, citoyens d'une république, des droits dont jouissent paisiblement les humbles sujets de l'empereur de Russie et ceux du sultan lui-même, cet arbitraire pèserait sur nous pour longtemps, si ce n'est pour toujours. Quelque irritant qu'il nous paraisse maintenant, il faudrait bien nous y habituer. Il grandirait même. Disposant d'une majorité réactionnaire, on ne tarderait pas à abroger les lois qui nous protégent encore un peu. Ainsi, soyez-en sûrs, on nous enlèverait, à nous, dans les campagnes, le droit d'élire nos maires, droit que nous ont rendu les 363, ne l'oublions pas! Le premier magistrat de la commune, qu'on prendrait au besoin en dehors de la commune, ne serait plus qu'un agent de la police chargé de nous « faire marcher » comme l'entend le gouvernement. Et il faudrait bien se courber devant ses moindres caprices, comme on se courbait jadis devant les caprices du seigneur du village.

Nous verrions d'autres choses encore dont nous n'avons guère une idée, puisque voilà cinquante ans que la France ne s'est vue aux mains d'un gouvernement vraiment clérical. Partout les instituteurs laïques disparaîtraient devant les « chers frères, » cela va sans dire. Ni dans l'armée, ni dans la régie, ni dans une administration quelconque, nos fils n'obtiendraient de l'avancement qu'à condition d'aller à confesse, comme de petits saints. Malheur à qui travaillerait le dimanche ou un jour férié, à moins d'autorisation spéciale de M. le curé! Malheur à ceux qui feraient gras le vendredi! Malheur à ceux qui négligeraient la messe ou manqueraient d'apporter leur cierge un jour de procession : il leur en cuirait, je vous en réponds! Parmi nos lois, il en est une que le clergé abhorre et dont il demanderait sans retard qu'on le débarrasse : ce sont les articles du Code civil qui interdisent au père et à la mère de déshériter leurs enfants au profit d'un étranger. Pourquoi le clergé en veut à cette loi, vous le devinez sans peine, car vous connaissez le désintéressement de l'Eglise, et vous voyez d'ici en quelles mains passeraient tôt ou tard les prés les plus gras de la commune, et les meilleures terres à froment, et les vignes qui ont l'exposition la plus saine.

Donc, si les candidats officiels l'emportaient, nous tomberions sous un double joug : le joug de la police et le joug de l'Eglise, et nous y resterions jusqu'à ce que le bon Dieu eût pitié de nous, ce qui pourrait tarder. A toutes nos prières il aurait bien le droit de répondre : « Vous

l'avez voulu ! Vous n'avez que ce que vous mé-
ritez ! »

Faites bien attention à une autre chose
encore.

La Chambre que nous allons élire devra durer
quatre ans, jusqu'à l'automne 1881. Si elle est
favorable au gouvernement, et c'est dans cette
supposition que nous raisonnons ici, il ne la dis-
soudra point et elle fera ses quatre années. Elle
sera donc encore là lorsque prendront fin les pouvoirs de M. de Mac-Mahon, en novembre 1880.
Jusqu'à cette date, lui seul a le droit de proposer
qu'on change la forme du gouvernement. Il a dé-
claré qu'il ne médite rien de ce genre, et je le
crois bien, parbleu : on ne pourrait renverser la République sans renverser aussi le président de la République. Compris ! Mais à partir
de novembre 1880, la situation change ; les sénateurs et les députés pourront alors, de leur
propre autorité, disposer souverainement des
destinées de la France. Au Sénat, il y a déjà
une majorité monarchique. Tous les candidats
officiels étant ou des bonapartistes ou des roya-
listes, il y aurait aussi à la Chambre, si les ministres l'emportaient aux prochaines élections,
une majorité de députés prêts à en finir avec la
République aussitôt qu'ils en auraient le droit,
c'est-à-dire en novembre 1880.

Voici donc quelle serait notre situation après les élections, dans le cas où les 363 ne seraient pas réélus : pendant trois ans nous aurions une Chambre et un Sénat absolument décidés à rétablir la monarchie, mais condamnés à n'exécuter ce projet que dans trois ans. Pendant trois ans nous saurions, avec la plus entière certitude, que c'en est fait de la République, mais nous devrions attendre trois ans pour savoir ce qu'on mettrait à la place. Trois ans de provisoire, — aboutissant à une crise violente, — qui nous précipiterait dans l'inconnu ! Trois ans pendant lesquels toutes les forces vives de la nation seraient suspendues à cette unique question : qui jouera les autres ? Les orléanistes ? Les légitimistes ? Les bonapartistes ? Trois ans d'intrigues, de ruses, de complots, d'achat et de vente des consciences ; trois ans pendant lesquels on trafiquerait de la France et l'on s'arracherait ses dépouilles !

Et vous croyez que notre pauvre pays ne succomberait pas à trois années de ce régime-là ?

S'il en est parmi vous qui aient l'intention de voter pour les candidats officiels, qu'ils se disent que, par dégoût de la République et par haine des réformes pacifiques, ils vont jeter la France dans la plus affreuse agonie qu'on ait jamais préparée à une nation. Et ils doivent bien savoir, par expérience, que lorsque les affaires de la patrie vont mal, celles des particuliers ne vont guère mieux.

Est-ce tout ? Non, hélas !

Le ministère du 16 mai ne cesse de protester de son amour de la paix. Il y revient à tout propos, dans les messages, dans les discours du Président, dans ceux des ministres, dans leurs circulaires. Pourquoi? Quand les républicains étaient au pouvoir, personne, ni en France, ni en Allemagne, ni en Italie, ni en Russie, ni en Angleterre, ne songeait un instant à leur prêter des intentions belliqueuses. En se séparant, les 363 ont crié : *Vive la République! vive la paix!* parce que la République ne va pas sans la paix, ni la paix sans la République. Si les ministres actuels trouvent indispensable de jurer tous les jours, sur leur honneur, qu'ils ne veulent attaquer aucun de nos voisins, je les crois, moi; mais il paraît que tout le monde ne fait pas comme Jean-Pierre Giraud. Encore un coup, pourquoi?

Eh! mon Dieu! ce n'est pas que M. de Broglie passe pour un Bismarck, ni le maréchal de Mac-Mahon pour un Moltke. Mais derrière eux, au-dessus d'eux, on aperçoit des gens chez qui certaine expédition (vous m'entendez bien : là-bas, du côté de l'Italie) est devenue comme une idée fixe; des gens qui ne serviraient ni dans l'armée, ni dans la réserve, ni dans la territoriale, mais qui prieraient pour nous tandis que nous nous ferions rompre les os ; des gens qui gagneraient à coup sûr à une guerre, qu'elle finît bien ou mal ! Car si nous étions vainqueurs, ils nous feraient tirer le pape de cette prison où ils disent qu'il pourrit sur la paille, — lui qui habite un palais superbe, où les pèlerins et les évêques de tous pays lui apportent des millions quêtés pour lui dans les églises ! Et si nous étions battus, la France, appauvrie, mutilée, sanglante, incapable de résolutions viriles, deviendrait à jamais leur proie, ainsi qu'il arrive à toutes les nations atteintes d'épuisement et frappées de langueur.

Je n'ai garde de prétendre que ces gens-là entraîneront MM. les ducs dans une folle équipée. Tout le monde, en France, sait que MM. les ducs sont de fortes têtes qui ne se laissent mener par personne, ni par les prêtres ni par les femmes... Mais tout le monde ne le sait pas également en Europe. Si, par exemple, certain ministre peu endurant, qui est le maître à Berlin, s'impatientait de voir ces perpétuels ennemis de la paix publique dresser des plans contre l'Italie et son alliée l'Allemagne, ourdir des intrigues, disposer de la France, préparer des alliances avec l'Espagne ou avec tout autre pays voué au cléricalisme ; s'il prenait au sérieux, plus que nous, leurs détestables manigances ; si, furieux de voir que nous ne savons pas faire la police chez nous et mettre à la raison ces incorrigibles conspirateurs, il concevait dans sa tête fort dure l'idée de s'en mêler et d'en finir avec eux à sa manière, c'est-à-dire par une invasion foudroyante; — à quoi, je vous en supplie, nous servirait l'amour que MM. les ducs professent pour la paix? Nous n'en aurions pas moins la guerre!

La guerre!

Cela n'arrivera pas avant les élections, parce que la moindre imprudence des cléricaux et, par suite, la moindre complication avec l'Italie et l'Allemagne, feraient arriver à la Chambre, non pas 363 républicains, mais 400, mais 450, tant nous avons horreur de la guerre, nous surtout, les gens de campagne. On le sait, et l'on se tient coi. Mais, les élections faites, si on l'emportait, garderait-on cette réserve? La garderait-on trois ans? La garderait-on lorsque, l'empereur Guillaume venant à mourir, on s'imaginerait — bien à tort — que l'influence de Bismarck va décroître? Allons donc! Nous les connaissons, les saints personnages! Le zèle de la maison de Dieu les dévore, comme ils disent eux-mêmes, et deux mois ne seraient pas écoulés après les élections faites en leur faveur qu'il y aurait dans l'air des bruits de guerre. Et quand il y aura des bruits de guerre, mes amis, il ne faudra pas longtemps pour que le canon tonne sur nos frontières d'abord, puis près de nous. Si alors l'Exposition universelle de 1878 était remplacée par un nouveau siége de Paris, vous sauriez à qui vous en prendre, —

aux intrigants qui veulent nous maintenir de force sous leur tutelle;

aux dévots qui font passer les intérêts du pape avant les intérêts de la patrie;

aux électeurs aveugles qui, malgré tous les avertissements, auraient voté pour messieurs les ducs et nos seigneurs les évêques.

Nous, pour qui voterons-nous? Que vous en semble? Nous laisserons-nous duper abominablement, comme lors du plébiscite? — Deux fois en sept ans! merci!... Ha! comme ils nous ont menti alors, nous cajolant et nous répétant sur tous les tons que *Oui* signifiait *la paix*, et, à peine avions-nous dit OUI, que, « d'un cœur léger », ils couraient faire la guerre, et quelle guerre! Cette fois-ci, — quand les cent mille diables de l'enfer devraient s'en mêler, NON! et encore NON! et toujours NON! NON sur toute la ligne! Jour de Dieu! NON!

Nous sommes plus de sept millions d'électeurs dans les communes rurales et, à part une centaine de circonscriptions au plus, c'est nous qui formons partout la majorité; c'est nous qui donnerons la victoire aux ministres où aux 363;

c'est de nous et de nous seuls que va dépendre le sort de la France, la République ou la monarchie, le règne de la loi ou le règne de l'arbitraire, la liberté ou le despotisme, la paix ou la guerre, la prospérité ou la détresse... Point de lâcheté !

Laissons ces petits messieurs de la sous-préfecture nous poursuivre pendant quelques semaines encore de leurs menaces impuissantes. Le souverain c'est nous, — nous les dix millions d'électeurs de la campagne et de la ville, qu'ils se permettent de traiter comme s'ils étaient les maîtres et nous les valets ! Quand le souverain aura parlé nettement, distinctement, qui donc osera lui résister ? — Personne.

Nous n'avons que deux choses à faire : patienter aujourd'hui, et demain commander.

Le jour du vote venu, nous commanderons, n'est-il pas vrai, mes amis? si énergiquement qu'il n'y aura aucun doute sur ce que nous voulons, exigeons, ordonnons.

A la Rocheberthier, en Poitou.

Jean-Pierre GIRAUD,

cultivateur,

ancien fourrier au 71e régiment de ligne

Ce 12 juillet 1877.

ON PEUT SE PROCURER

L'UNE OU L'AUTRE

DES BROCHURES DE JEAN-PIERRE GIRAUD

AUX PRIX SUIVANTS (PORT EN SUS)

5 francs les 100 exemplaires
40 — les 1,000 —

S'adresser directement à M. FISCHBACHER
33, rue de Seine, à Paris.

Moyennant 15 centimes, M. Fischbacher enverra les deux brochures ensemble, *franco* par la poste, à toute personne dont on lui indiquera l'adresse.

Paris. — Imprimerie Nouvelle (assoc. ouv.), 11, rue des Jeûneurs
G. Masquin, directeur.

www.ingramcontent.com/pod-product-compliance
Lightning Source LLC
Chambersburg PA
CBHW061849060726
47597CB00008B/3640